Jörg Knoblauch

22 Zeit-spartips

8. Auflage 2004

Verlag für Managementsysteme, Giengen
Illustrationen: Werner (Tiki) Küstenmacher, Gröbenzell
Umschlag und grafische Gestaltung:
Wolfram Heidenreich,
Büro für Kommunikationsdesign, Haltern am See
Druck: Breklumer Druckerei Manfred Siegel KG
ISBN 3-928807-19-6 (tempus.)
ISBN 3-417-24142--1 (R. Brockhaus)

Jörg Knoblauch

22 Zeitspartips

„Ich brauch' mehr Zeit ..."

„Ich brauch' mehr Zeit ..."

Wer kennt diesen Stoßseufzer nicht? Bleiben in der Tageshektik nicht meistens die Tätigkeiten und Ziele auf der Strecke, die uns wichtig sind? Wie kann man das ändern?

Es gibt Hoffnung! Allein dadurch, daß Sie dieses Taschenbuch zur Hand genommen haben, dokumentieren Sie: Es muß anders werden, es soll anders werden.

Eigentlich ist alles ganz einfach: Mit einer Grundsatzentscheidung (siehe Zeitspartip 5) und ein paar praktischen Tips entspannt sich die Lage.

Wie das im einzelnen aussieht? Lesen Sie die nächsten Seiten mit **22 Zeitspartips** und genießen Sie danach das Leben auf Ihre Art!

Schließlich ist Zeitmanagement kein Selbstzweck. Es ist eine Kunst, die man lernen kann. Sie hilft, Freiräume zu gestalten – für das, was Sie müssen, und das, was Sie wollen.

Wir von **tempus.** wünschen Ihnen diesen täglichen Aufbruch zur Gelassenheit!

Mit täglich 1.440 Minuten können Sie dann sagen: „Ich gestalte meine Zeit!"

Tip 1

Management by Zeitplanbuch

Immer einen Zettel, eine To do-Liste oder ein Zeitplanbuch und etwas zum Schreiben mit sich führen. Darauf alles notieren, was erledigt werden muß und nicht vergessen werden darf.

Da wir nicht alles im Kopf behalten können, müssen wir viele Informationen außerhalb speichern; üblicherweise werden dann Notizen auf Aktendeckel, Zettel, Kalender und Notizblöcke gekritzelt – das beruhigt.

Was bleibt, ist die Unsicherheit, ob man diese Notiz später auch (rechtzeitig) wiederfindet. Allein diese unbewußte Unruhe läßt Streß entstehen – um so mehr die spätere Hektik bei der Suche, oder wenn man feststellen muß, daß man die Aufgabe nicht rechtzeitig und nur noch unbefriedigend erledigen kann.

Eines der einfachsten Mittel, die anfallenden Aufgaben möglichst effektiv und vollständig zu bewältigen, ist die „To do-Liste". Eine Weiterentwicklung der „To do-Liste" ist das Zeitplanbuch. Durch Einsatz eines Zeitplanbuches können Sie Ihre gesamte Arbeit täglich, wöchentlich, monatlich besser planen, organisieren, koordinieren und rationeller mit Ihrer Zeit umgehen!

Der heutzutage berühmteste und prominenteste Zeitmanagement-Berater ist Herr Lakein. Am Anfang seiner Karriere hatte Lakein einen Auftrag bekommen. Sein Auftrag war, herauszufinden, warum es erfolgreiche Leute gibt und solche, die keinen Erfolg haben. Das Ergebnis war: Es gibt einen feinen Unterschied zwischen erfolgreichen und nicht erfolgreichen Leuten, nämlich: die „To do-Liste". Die „To do-Liste" ist ein Zettel, den man immer bei sich führt und auf dem man alles notiert, was erledigt werden muß oder nicht vergessen werden darf. Auf einer „To do-Liste" wird alles Wichtige aufgeschrieben. Wenn es erledigt ist, wird es gestrichen. Ich höre schon die Gegenargumente: „Wozu diesen Zettelkram? Ich werde schon daran denken."

Auch in Zukunft bleibt es dabei, daß wir uns nicht mehr Zeit nehmen können, als Gott uns zuteilt. Unsere Aufgabe ist es also, diese Zeit so klug wie möglich einzuteilen.

Wußten Sie, daß 90% aller Ideen nie verwirklicht werden, weil derjenige, der die Idee hatte, sie nicht aufge-

schrieben hat?
Wer mit einer einfachen „To do-Liste“ nicht mehr auskommt, für den gibt es eine Vielfalt verschiedener Zeitplanbücher.

- Das Zeitplanbuch verbessert die Qualität und den Erfolg der eigenen Arbeit!
- Bei nur 12,5% Rationalisierung sparen Sie an einem Achtstundentag eine ganze Stunde (die meisten Anbieter versprechen 15 - 35 Prozent Rationalisierung)!
- Das Zeitplanbuch ist Terminkalender, Tagebuch, Notizbuch, Planungsinstrument, Erinnerungshilfe, Adreß- und Telefonregister, Ideensammlung und Kontrollinstrument gleichzeitig.

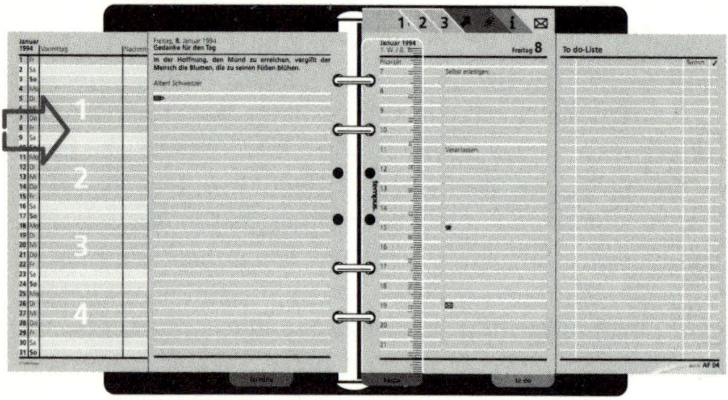

Wie sieht nun ein Zeitplanbuch aus? Es ist in erster Linie eine Loseblattsammlung, die in einem Ringbuch zusammengefaßt ist.

Es gibt Zeitplanbücher, bei denen man für jeden Tag eine Doppelseite zur Verfügung hat. Das ist wichtig für alle, die täglich viele Aufgaben und Termine strukturieren müssen.

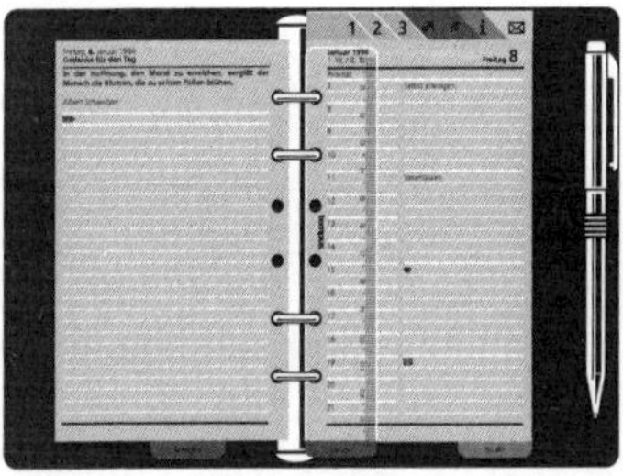

Alle, die weniger Termine haben, kommen mit einem Zeitplanbuch aus, das die Woche auf einer Doppelseite zeigt.

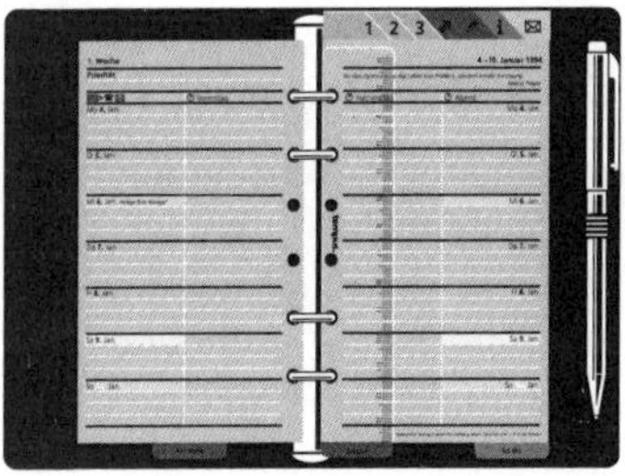

Dazu gehört jeweils ein Kalender mit dem Überblick über das laufende Jahr und über weitere Jahre.

Weitere Blätter mit Notizen aller Art ergänzen das Buch. Das Zeitplanbuch soll ein ständiger, persönlicher Begleiter sein, sozusagen Ihr schriftliches Gedächtnis.

Das Zeitplanbuch ist auf eine methodische Anwendung ausgerichtet. Dabei muß jeder selbst herausfinden, wie die optimale Methode für ihn aussieht, wie er sich selbst am besten managen kann!

Trixi Aufbruch, Studentin
Ich brauche einen Organizer, der handlich ist. Ich muß die Woche überblicken können und die Telefonnummern meiner Clique immer griffbereit haben. Ein Zeitplanbuch im Westentaschen-Format mit der Woche auf einer Doppelseite ist ideal für mich.

Günter Aufbruch, Außendienstler
Ich muß ständig Zugriff auf alle Kundendaten haben. Dazu hilft mir ein A5-Zeitplanbuch. Da ich jede Woche meine Route plane, habe ich gerne die Woche im Überblick. Jeder Tag hat maximal 3 - 4 Termine.

Erna Aufbruch, Hausfrau & Mutter
Zur Bank, Geld abholen, einkaufen, Zahnarzt-Termine machen, Speiseplan ausdenken, bügeln und eigene Teilzeitarbeit planen …
Mit meinem Zeitplanbuch im Westentaschen-Format und dem Tag auf einer Doppelseite ist das alles etwas leichter zu bewältigen.

Fritz Aufbruch, Betriebsleiter
Projekte, Kundenbesuche, Werksschulungen – dazu Familie und Verein. Dank eines A5-Zeitplanbuches mit dem Tag auf einer Doppelseite bin ich trotzdem gelassen. Sogar Hochzeits- und Geburtstage vergesse ich jetzt nicht mehr.

Tip 2

Ziel festlegen

Klare Ziele haben (beruflich, geistig, geistlich, Fitneß usw.). Liste der Lebensziele mindestens einmal im Jahr (Geburtstag) gewissenhaft studieren.

Wachsen einem die Probleme über den Kopf? Vielleicht liegt es dann an der hier genannten Zielfrage? Anstatt mit großen Schritten auf ein Ziel zuzugehen, drehen wir uns leider oft im Kreis. Ein Zitat sagt: „Wenn ich nicht weiß, in welchen Hafen ich segeln will, dann ist kein Wind für mich der richtige.“ Ich möchte Ihnen Mut machen, Ihre Ziele einmal aufzuschreiben und dann einmal im Jahr hervorzuholen und neu zu überarbeiten.

Was sind Ihre beruflichen Ziele? Ihre geistigen Ziele (welche Bücher möchte ich lesen, welche Freundschaften knüpfen, welche Freundschaften kündigen etc.)? Ihre geistlichen Ziele (was will ich für meine Seele tun)? Ihre finanziellen Ziele?

Was ist ein Ziel?
„In Zukunft will ich mir mehr Zeit für die Familie nehmen!“ Ist das ein Ziel? Nein! Es ist vielleicht eine gute Absicht, ein Ziel jedoch hat zweierlei Kriterien:
1. Ist es realistisch?
2. Ist es meßbar?
   (Wann? Wie? Wer?)

Wenn Sie sagen: „Ich möchte die Bibel besser kennenlernen“ – ist dies dann ein Ziel? Nein! Es ist wieder nur eine gut gemeinte Absicht. Wie wollen Sie das messen, wenn Sie am 31.12. über die Ziele im vergangenen Jahr nachdenken?

Ein Ziel aber wäre z.B., wenn Sie sich als Pfarrer vornehmen, daß Ihr Gottesdienstbesuch in exakt einem Jahr um 10 % steigen soll. Das ist realistisch, und es ist vor allem meßbar.

Und wenn Sie überhaupt keine Ziele finden? Vielleicht hilft die Frage: Wenn ich wüßte, daß ich in 6 Monaten vom Blitz erschlagen werde, wie würde ich dann mein Leben jetzt gestalten? Wenn Sie keine Ziele haben, ist jeder Schuß ein Volltreffer.

Deshalb die Fragen:

Was will ich mit meinem Leben?

Was will ich in den nächsten 7 Jahren erreichen?

Was will ich im nächsten Jahr erreichen?

Was will ich im nächsten Monat erreichen?

Was will ich morgen erreichen?

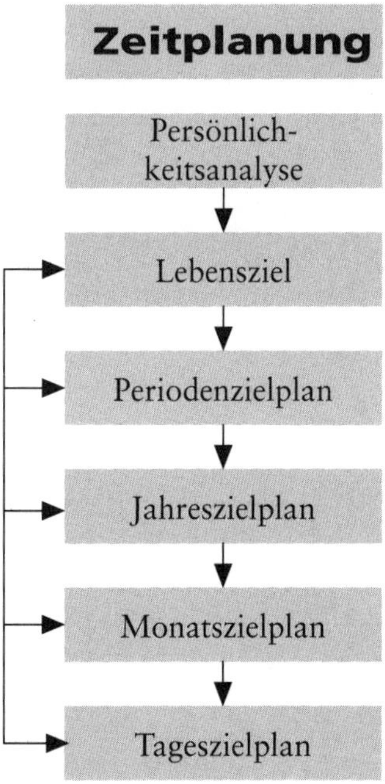

Tip 3

Planen

Den Weg zum Ziel festlegen.

Das Ziel ist klar. Nun geht es darum, den Weg zum Ziel festzulegen. Es ist wichtig, nicht einfach wild drauflos zu arbeiten. Wenn jemand eine bestimmte Arbeit zu erledigen hat, nimmt er sich z.B. für die Planung eine Stunde Zeit. Für die Ausübung der Tätigkeit braucht er dann vielleicht sieben Stunden, also insgesamt acht Stunden. Wenn er nicht eine Stunde, sondern zwei Stunden plant, wie lange braucht er wohl dann insgesamt? Bestimmt keine acht Stunden. Nehmen wir einmal an, aufgrund der besseren Planung wird eine Stunde eingespart. Was macht man nun mit der gesparten Zeit? Eine Stunde bewußt ausspannen und erholen oder vielleicht etwas völlig Ungeplantes. Kommen wir so unter die Tyrannei des Terminkalenders? Nein. Wer plant, der hat mehr Zeit, gerade auch für Ungeplantes.

Planen Sie schriftlich. – Was nur in Gedanken geplant wird, wird leicht durch die nächsten Gedanken bereits umgeworfen. Lassen Sie sich nicht irritieren, wenn Ihr Zeitplan hin und wieder durchkreuzt wird. Das ist eher die Regel als die Ausnahme.

Man könnte fragen: „Was hat dann alles Planen für einen Sinn?“ Da erinnere ich an einen Mann, der sich auf dem Bahnhof bei dem zuständigen Schaffner beschwerte, was denn der ganze Fahrplan für einen Sinn habe, wenn der Zug, den er erwarte, schon eine halbe Stunde Verspätung habe. Der Schaffner antwortete: „Gäbe es keinen Fahrplan, dann wüßten Sie ja gar nicht, daß der Zug Verspätung hat.“

Mit anderen Worten: Wird der Plan nicht exakt verwirklicht, ist dies nicht tragisch. Sie wissen dann zunächst, wie groß die Abweichung war, und können dies nun korrigieren.

Ich begegne immer wieder dem Vorwurf, daß Menschen nicht unter die „Tyrannei des Terminkalenders“ kommen wollen und deshalb auch nicht bereit sind, zu planen. Meine Erfahrung ist jedoch genau gegenteilig: Wer plant, der hat mehr Zeit, gerade auch für Ungeplantes.

Entlastungsfragen		**Maßnahmen**
Warum überhaupt?	→	Eliminieren
Warum gerade ich?	→	Delegieren
Warum ausgerechnet jetzt?	→	Terminieren
Warum in dieser Form?	→	Rationalisieren

Tip 4

Gaben erkennen

Jeder Mensch hat Stärken und Schwächen. Stärke und Situation müssen zusammenpassen. Verschleißen Sie sich nicht im falschen Job.

Niemand würde sich mit einem Geländewagen auf den Nürburgring begeben oder mit einem Sportwagen über Stock und Stein rasen. Inwieweit jedoch eine bestimmte Persönlichkeitsstruktur zum jeweils ausgeübten Beruf paßt, ist für viele Menschen eine unbeantwortete Frage. Deshalb dürfen Sie sich auch nicht wundern, wenn Sie sich im falschen Job verschleißen.

Sie alle kennen Aussprüche wie: „Er ist ein Musik-Genie" oder: „Sie ist stark in Mathematik" oder: „Der geborene Sportler!" Hier handelt es sich um „natürliche" oder „angeborene" Fähigkeiten. Der eine will menschliche Nähe, der andere will Distanz. Der eine ist impulsiv und entscheidungsfreudig, der andere ist zögernd, verschleppt Entscheidungen und sucht nach immer weiteren Beweisen. Diese Gaben werden uns ungefragt in die Wiege gelegt. Aus der Aufzählung wird schon deutlich, daß es sich dabei nicht nur um Stärken handelt. Stärken sind immer zugleich auch Schwächen. Paracelsus sagte vor 400 Jahren: „Nichts ist Gift, und es gibt nichts, das nicht Gift ist. Nur die Dosis macht es zum Gift." Das heißt, wenn man eine Stärke bis ins Extrem ausnutzt, wird sie zur Schwäche.

Wer seine Begabungen herausfinden will, braucht sich nur folgenden Fragen zu stellen:

- Was tue ich gerne?
- Was tue ich gut?
- Was schätzen andere an mir?

Wenn Sie versuchen, sich selbst zu erkennen, werden Sie vielfach belohnt:

- Sie bekommen Einblick in Ihre Möglichkeiten und Grenzen und lernen dadurch, Ihre Erfolge zu steigern und Mißerfolge zu vermeiden. Stärken können ausgebaut werden.
- Durch das Kennenlernen Ihrer Stärken werden Sie selbstsicher. Wer sich kennt, kennt auch andere und wird damit sensibler für das Verhalten der anderen.
- Ein Kennzeichen erfolgreicher Menschen ist es, daß sie ihre Stärken kennen und ganz sie selbst sind. Sie ahmen keine fremden Vorbilder nach, deren Stärken vielleicht ganz woanders liegen, sondern ihr Verhalten entspricht den Grundzügen ihrer Persönlichkeit.

Den schlechten Mitarbeiter, von dem wir so oft reden, gibt es nicht. Es gibt allerdings den Mitarbeiter, der mit der falschen Aufgabe betraut wurde und deswegen keine zufriedenstellenden Ergebnisse bringen kann. Mit anderen Worten: Jeder hat Stärken. Nun geht es darum, diese Stärken mit einer Situation zusammenzubringen, die sich optimal an diesen Stärken orientiert.

Tip 5

Prioritäten setzen

Sofort mit dem Wichtigsten beginnen. Wenn diese eine Sache erledigt ist, kommt die nächste.

Versuchen Sie immer an der Nr. 1 zu arbeiten und nicht an der Nr. 3 oder 4. Wenn Sie mit Ihrer Nummer 1 am Ende eines Tages nicht fertig geworden sind, machen Sie am nächsten Tag weiter. Aber machen Sie vorher nichts anderes. Solch einfacher Rat kann das Leben verändern, weil wir alle eine Tendenz in uns haben, zuerst die Nebensächlichkeiten anzugehen. Die auf dem Schreibtisch liegenden Drucksachen sind so viel verlockender als das seit Tagen verschobene entscheidende Projekt.

Dahinter steht das Pareto-Zeitprinzip oder auch 80/20-Regel genannt. Es besagt: Wenn jemand z.B. 10 Tätigkeiten vor sich hat (der Wichtigkeit nach geordnet) und am Ende eines Arbeitstages sagen kann, daß er die 2 wichtigsten erledigt hat, dann sind somit rund 80 % des Tageserfolges sichergestellt. Dies gilt, obgleich noch 8

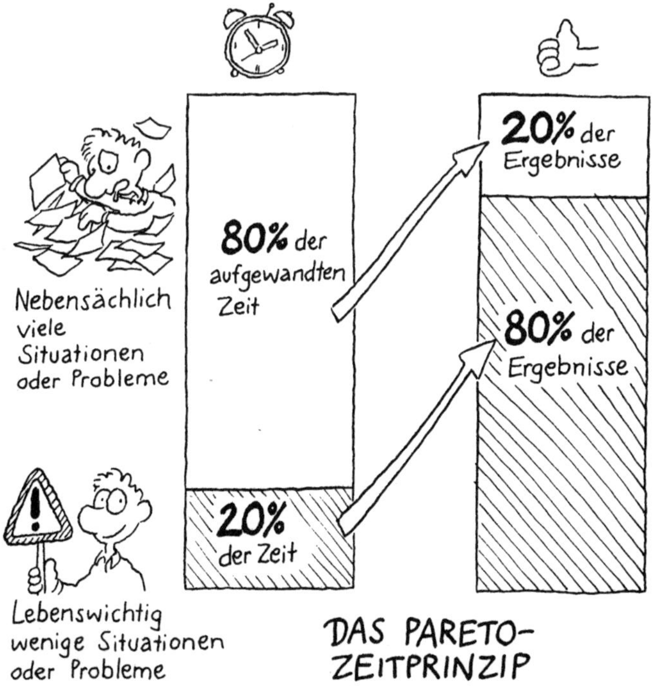

Tätigkeiten unerledigt sind. Die Regel gilt natürlich auch umgekehrt. Wer 8 Tätigkeiten erledigt hat, und die 2 wichtigsten waren nicht dabei, hat letztlich nur 20 % des Tageserfolges sichergestellt.

Nun hat man mit den „wichtigsten Tätigkeiten" oft so seine Probleme. Da fehlen Informationen, und wir fühlen uns einfach im Moment nicht in der Lage, eine solche Entscheidung, die verlangt wird, zu treffen. Schließlich ist morgen auch noch ein Tag.

Allen Widerwärtigkeiten zum Trotz: Konzentrieren Sie sich auf die entscheidenden Daten. Um im Geschäftsleben Aufgaben zu bewältigen und Probleme zu lösen, brauchen Sie nicht alles zu tun und alles zu wissen. Filtern Sie die wichtigste Sache heraus und packen Sie dann den Stier bei den Hörnern.

Tip 6

Gewohnheiten entwickeln

Gewohnheiten haben Macht. Wenn das gewünschte Handeln erst einmal zur Gewohnheit wird, trägt es reiche Früchte.

6

Natürlich haben Sie Gewohnheiten. Die Frage ist nur, ob Sie sich mit dieser Macht schon vertraut gemacht haben. Gewohnheiten haben Macht, und wer gute Gewohnheiten bewußt einübt, kann ihre Stärke gewinnbringend einsetzen.

Wenn Sie den Kampf gegen den Streß aufnehmen, dann heißt das, daß Sie den Kampf gegen einige eingefahrene Gewohnheiten aufnehmen müssen. Leider ist dies ein langer Weg, denn:

- gesagt ist noch nicht gehört
- gehört ist noch nicht verstanden
- verstanden ist noch nicht einverstanden
- einverstanden ist noch lange nicht angewendet
- einmal angewendet ist noch lange keine Gewohnheit.

Gewünschtes Handeln muß zur Gewohnheit werden. Erst dann trägt es Früchte. Zum Erwerb neuer Gewohnheiten und zum Ablegen alter Gewohnheiten gibt es einen Schlüssel:

Beginnen Sie mit der neuen Gewohnheit so intensiv wie möglich. Ergreifen Sie die erstmögliche Chance, Ihren Vorsatz durchzuführen. Der Energieaufwand, mit einer bestimmten Tätigkeit anzufangen, ist zwar immens, aber schon nach kurzer Zeit werden Sie feststellen, es läuft besser und besser. Allerdings: Nach etwa 1 1/2 Stunden sollte man das Aufgabengebiet dann wieder wechseln, da das Interesse nachläßt und der Energieaufwand größer wird. Der sogenannte „Badewanneneffekt“.

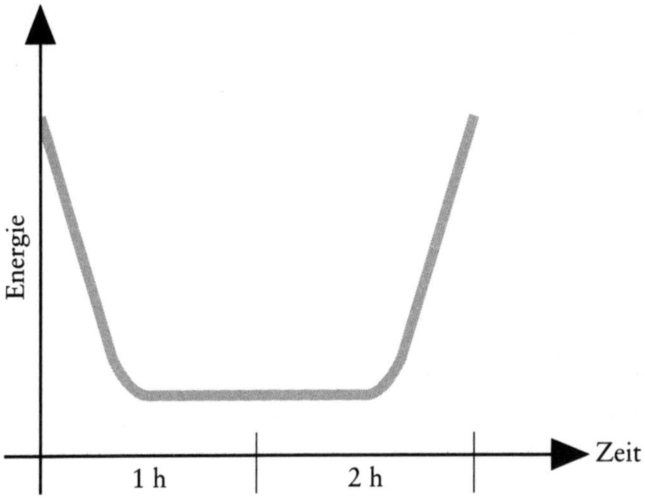
Energie
Zeit
1 h
2 h

Tip 7

Durch Liebhabereien bewußt entspannen

Einmal am Tag sollten Sie sich ruhig einmal etwas gönnen, worauf Sie sich freuen.

Wenn Sie bereit sind, Spitzenleistungen zu vollbringen, sollten Sie sich auch bei Erreichen der gesetzten Ziele etwas gönnen. Setzen Sie sich eine Belohnung aus: Z.B. den Saunabesuch oder das Buch, in dem Sie seit langem wieder einmal ein Kapitel lesen wollten.

Hans Selye, der Streßforscher Nr. 1, macht uns darauf aufmerksam, daß Streß – auch wenn er ganz außerordentlich groß ist – überhaupt nicht schädlich ist.

Allerdings: Um diese „Stressoren" wieder abzubauen, bedarf es viel Bewegung und körperlicher Betätigung. Joggen z.B. ist ideal, um diese Energien systematisch abzubauen.

Tip 8

Lernen, zu anderen „nein“ zu sagen

Das Wörtchen „nein“ ist das zeitsparendste Wort, das es gibt. Nein sagen, wenn möglich. Ja sagen, wenn nötig.

Leute, die viel Zeit haben, haben oft die dumme Angewohnheit, diese Zeit bei Leuten zubringen zu wollen, die wenig Zeit haben. Das Motto an dieser Stelle heißt: „Hüte dich vor VUP'S“ (Very Unimportant Persons, im Gegensatz zum VIP – Very Important Person). Also hüten Sie sich vor VUP'S. Natürlich sollen wir Zeit haben, wenn jemand etwas von uns will. Aber es gibt Leute, die wollen mit uns nur Belangloses reden. Dagegen wende ich mich.

Was Sie tun, wenn Sie „ja“ sagen? Sie lassen sich für die Ziele eines anderen Menschen einspannen. Dies ist sicher wichtig und richtig. Wenn Sie aber nur noch „ja“ sagen und nicht mehr „nein“ sagen, werden Sie keine Zeit mehr finden, um die Ihnen aufgetragenen Dinge, Ihre Ziele, zu verwirklichen.

Also, seien Sie mutig, sagen Sie bewußt „nein“. Aber üben Sie vorher, es so zu sagen, daß es niemand verletzt. Dies geschieht am einfachsten so, daß Sie dem anderen Ihr Interesse an seinen Zielen deutlich machen, aber ihm auch sagen, daß Ihre jetzige Aufgabenstellung dieses neue und weitere Engagement nicht mehr zuläßt.

Tip 9

Wichtiges von Dringendem unterscheiden

Selten ist Dringendes wichtig und Wichtiges dringend.

Irgendwo geht immer etwas schief, und irgendwo wird immer unsere Hilfe benötigt. Wie oft haben Sie schon am Ende eines Tages erlebt, daß Sie sich fragten, was Sie eigentlich heute getan haben. Natürlich waren Sie nicht untätig. Irgendwo ist immer etwas angebrannt und Sie haben gelöscht. Ihre langfristigen Aufgaben, das eigentlich Wichtige jedoch, ist liegengeblieben.

Eine einfache A, B, C-Analyse hilft, Klarheit zu bringen.

Es ist ermutigend zu sehen, daß das Verhältnis von Zeitaufwand zu „Anteil am Erfolg" bei den A-Aufgaben mit Abstand am besten ist.

Machen Sie den heutigen Tag zu einem „A-Tag".

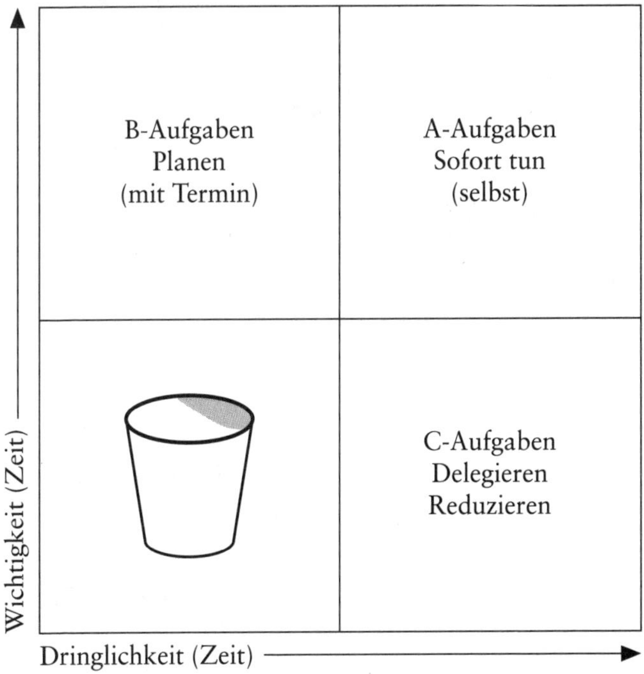

Dinge, die noch heute erledigt werden müssen.

Dinge, die wichtig sind, aber nicht heute erledigt werden müssen. Delegierbarkeit prüfen.

Dinge, die Zeit haben und delegierbar sind.

Tip 10

Sich unter Druck setzen – Zeitlimits setzen

Die meisten Arbeiten sind unendlich dehnbar. Deshalb einen Zeitpunkt für die Fertigstellung setzen und darauf zuarbeiten.

Das Parkinsonsche Gesetz sagt: „Alle Arbeiten sind unendlich dehnbar." Daß sich Arbeit wie Gummi dehnen läßt und die Zeit, die uns zur Verfügung steht, immer ausgefüllt ist – diese Tatsache ist allgemein bekannt. Üben Sie sich deshalb in der Selbstbefehlungstechnik. Setzen Sie sich für jede Arbeit einen bestimmten Endzeitpunkt. Schauen Sie vor Beginn der Arbeit auf die Uhr und sagen Sie: Jetzt ist es X Uhr. In 10 Minuten habe ich diese Aufgabe erledigt. Wenn diese Aufgabe das Schreiben eines Briefes ist und Sie nach 5 Minuten immer noch nur die Anrede auf dem Papier haben, dann formieren sich Ihre Gedanken unter dem jetzt einsetzenden Zeitdruck in Marschrichtung, und plötzlich geht es voran.

Der Ehrlichkeit halber muß erwähnt werden, daß die meisten Arbeiten etwa 1 1/2 mal so lange dauern, wie sie ursprünglich geplant waren. Eine Faustregel fürs Telefonieren z.B.: 15 Minuten für ein Telefongespräch zu veranschlagen. Bis die Unterlagen hergerichtet sind, die Notiz gemacht und der Vorgang wieder abgelegt ist, kommt das leicht zusammen.

Also: Setzen Sie sich unter Druck, machen Sie Ihre Arbeit zum Sport. So ein Limit macht erstaunliche Reserven mobil.

Tip 11

Arbeitsplatz gestalten

Mit System einräumen und aufräumen. Ein gutes Ablagesystem wirkt Wunder gegen „das Verlegen von Sachen“.

Es gibt Leertischler, und es gibt Volltischler. Wenn Sie Volltischler sind und Ihr Schreibtisch immer gleichmäßig mit Papier bedeckt ist, Sie aber das noch finden, was Sie suchen, dann herzlichen Glückwunsch. Ihre Unordnung hat System.

Wer damit nicht leben kann und eine gewisse Ordnung braucht, um konzentriert arbeiten zu können, dem bleibt nichts anderes übrig, als jede Menge Hängeregister zu kaufen. Bevor auch dieses System unübersichtlich wird, kann man die Reiter farbig beschriften und mit Symbolen versehen. So findet sich Gleiches mit Gleichem sehr viel einfacher. Was spricht dagegen, eine Schublade in Ihrem Schreibtisch in einen Papierkorb zu verwandeln? Der Papierkorb ist der wichtigste Bestandteil Ihres Arbeitszimmers. Warum nicht gleich dann auch zentral positionieren?

Mit den folgenden Anregungen schaffen Sie auf unordentlichen Schreibtischen Ordnung:

1. Alle Projekte haben einen Platz in einer Akte oder in einer Schublade. Ein stets aufgeräumt wirkender Schreibtisch fördert die Konzentration.

2. Auf die Arbeitsfläche gehört immer nur ein Vorgang.

3. Nicht springen! Seien Sie kein geistiger Sackhüpfer. Sonst legen Sie wegen anderer attraktiver Aufgaben Ihr Projekt beiseite!

4. Schließen Sie das Projekt ab und fangen Sie mit dem nächst wichtigeren Projekt an. Anstehende Projekte sollten Sie nicht herumliegen lassen, damit sie Ihnen bewußt bleiben. Viel besser: Merken Sie sich das nächste Projekt in Ihrem Zeitplanbuch vor.

5. Die PLAN-Methode hilft mit, realistisch anzupacken:

   „P" Pensum für den nächsten Tag zusammenstellen
   „L" Länge der Tätigkeiten schätzen
   „A" Anpassen an die Möglichkeiten
   „N" Notieren im Zeitplanbuch

Tip 12

Ausfüllen von Leerzeiten

Für Wartezeiten Arbeit zurechtlegen. Noch besser: Wenn irgend möglich, gleich zwei Fliegen mit einer Klappe schlagen.

Vor und nach Besprechungsterminen und bei Geschäftsreisen verschwenden Führungskräfte ganze Stunden – einfach, weil sie sich für Wartepausen keine Arbeit zurechtgelegt haben.

Warum sich nicht für solche eventuellen Pausen Berichte oder Akten in die Tasche stecken, die eh schon längst gelesen sein sollten? Wenn das schon zu Ihrer Routine gehört, versuchen Sie doch zwei Fliegen mit einer Klappe zu schlagen. Während man z.B. mechanische Arbeiten verrichtet (Dias rahmen, bügeln), kann man z.B. Tonkassetten anhören. Immer mehr Bücher erscheinen auf Kassette, da Lesezeiten ausgebucht sind, Hörzeiten jedoch noch lange nicht.

Gerade Menschen, die viel mit dem Auto unterwegs sind, können ihr Auto zur „rollenden Universität" ausbauen. Dem Erfindungsgeist sind keine Grenzen gesetzt.

Tip 13

Jedes Blatt Papier nur einmal in die Hand nehmen

Kleiner Schreibtisch – großer Papierkorb.

Auf den meisten Schreibtischen befinden sich sogenannte „Wanderdünen". Das sind Stapel Papier, die wir nacheinander in die Hand nehmen und dann an einer anderen Stelle wieder ablegen, ohne daß eine Entscheidung getroffen wurde. Unser Ziel ist, jedes Blatt Papier nur einmal in die Hand zu nehmen. D.h. das erste Lesen muß bereits ein Ausleseprozeß sein. Das meiste gehört in den Papierkorb. Wenn Sie sich nicht sicher sind, ob Sie das noch einmal brauchen, tun Sie es auch in den Papierkorb. Stellen Sie sich immer wieder die Frage: Passiert etwas Furchtbares, wenn ich diesen Brief nicht aufbewahre?

Beantworten Sie Briefe soweit wie möglich mit einem handschriftlichen Vermerk auf dem Brief und schicken Sie ihn sofort zurück. Briefe, die Sie unbedingt aufbewahren müssen, sollten daraufhin geprüft werden, ob sie wirklich in einem Aktenordner abgelegt werden müssen oder ob es auch ein Hängeregister tut. Dort ist es zwar nicht chronologisch oder alphabetisch geordnet, aber es ist sehr viel schneller aufgeräumt.

Jedes Blatt Papier nur einmal in die Hand nehmen heißt, sich zwingen, Entscheidungen zu treffen, und wenn es nur ein weiterführendes Stichwort ist – das wäre schon ein entscheidender Schritt.

Tip 14

Lernen – aber richtig

Die ÜFLFÜ-Methode (Überfliegen-Fragen-Lesen-Festhalten-Üben) garantiert phänomenale Ergebnisse.

Statt einen Text immer wieder durchzulesen, gehen Sie in Zukunft methodisch heran. Teilen Sie das Ganze in die folgenden 5 Schritte auf:

1. **Überfliegen** soll heißen, daß man ein Buch zuerst nur durchblättert und dann entscheidet: Möchte ich das überhaupt weiterlesen? Vor allem bei den vielen Zeitschriften sollten wir nur das Inhaltsverzeichnis lesen und sie, wenn uns dann nichts interessiert, gleich wegwerfen. Der eine oder die zwei Artikel, die mich interessieren, kann ich ausreißen.
2. Wenn das Thema interessiert, ist es gut, sich ein klein wenig Zeit zu nehmen und **Fragen** zu stellen: Was will ich über das Thema wissen bzw. was weiß ich schon?
3. L – steht für **Lesen**. Übrigens, je schneller Sie lesen, desto höher ist die Konzentration.
4. Das zweite F heißt dann **Festhalten.** Das ist das Wichtigste überhaupt. Dafür sollte soviel Zeit verwendet werden wie für alles andere zusammen. Also: Einen Absatz lesen und dann in einem Satz auf den Buchrand schreiben, was in dem Absatz stand. Wenn man mit eigenen Worten formulieren muß, zwingt man sich zum Denken.
5. Ü – steht für **Üben**, sofern man den Stoff für Prüfungen braucht.

Tip 15

Das 1–Minuten-Lob

Mitarbeitern mehr vertrauen und mit Lob nicht geizen, das setzt immense Energien frei.

Über 5 Milliarden Menschen warten darauf, mit Lob überschüttet zu werden. Leider haben wir in der Schule nicht gelernt, wie das geht. Machen Sie es sich zum Vorsatz, nicht mehr Menschen zu finden, die etwas falsch machen, um sie zu kritisieren, sondern Menschen zu finden, die etwas richtig machen, um sie zu loben. Lob wirkt Wunder.

Das Lob besteht aus 4 Teilen:

1. Tun Sie es sofort. Schieben Sie es nicht auf die lange Bank und sagen Sie nicht: Bei der nächsten Besprechung sehe ich ihn sowieso. Dann ich sage ich es ihm.

2. Seien Sie spezifisch. Sagen Sie genau, um was es sich handelt. Sprechen Sie konkrete Einzelheiten an.

3. Sagen Sie den Mitarbeitern, was Sie Positives empfinden. Geben Sie ihnen die persönlich echt empfundene Anerkennung. Tun Sie es emotional, auch wenn es Ihnen schwerfällt.

4. Dem Gelobten die Hand schütteln und ihn zur Weiterarbeit ermutigen.

Tip 16

Methodisch den Medienkonsum drosseln

Über 2 Stunden Fernsehen,
25 Minuten für die Illustrierte und
60 Minuten für die Tageszeitung
pro Tag – das ist der Durchschnitt.

Insgesamt werden hierzulande 3 Stunden und 25 Minuten pro Tag für den Medienkonsum verwendet. Also mehr als die Hälfte der Freizeit. Da gibt es nur eines: Planen Sie Ihr eigenes Fernsehprogramm: Kaufen Sie eine gute Fernsehzeitschrift und streichen Sie die Sendungen an, die Sie für sehenswert halten. Und das immer nach dem Motto: Weniger ist mehr. Belasten Sie Ihren Geist nicht mit unsinnigen und lang negativ wirkenden Bildern.

Ein weiterer Tip: Bestellen Sie die Tageszeitung ab. Es kommt nicht darauf an, daß wir „viel" Information haben – es kommt darauf an, daß wir die „richtige" Information haben. Insofern behaupte ich, daß die Tageszeitung „gestopfter" Unsinn ist. Diese Bits und Pieces von Informationen der Tageszeitung liefern zwar viel Vordergrund-Information, aber wenig Hintergrund-Information. Doch gerade diese ist entscheidend, um durchzublicken. Alternative: Abonnieren Sie eine gute Wochenzeitung. Hier werden die großen Trends deutlich, auf die es schließlich ankommt.

Tip 17

Schlaf – nur soviel, wie man wirklich braucht

Die Schlafforschung hat Erstaunliches zutage gebracht. Manches davon kann man sich zunutze machen.

Elefanten schlafen 2 Stunden, Löwen 20 Minuten, und es gibt genügend Tiere, denen ein Nickerchen von 12 bis 15 Minuten genügt, um neue Energie zu tanken. Beim Menschen ist es etwas anders.

7 Stunden und 36 Minuten ist der Durchschnitt. Nun gibt es Menschen, die brauchen 9 Stunden, aber es gibt auch Menschen, die kommen mit 6 oder gar nur mit 4 1/2 Stunden aus. Diese Zahlen ergeben sich aus der „Schlafkurve" des Menschen, die in 1 1/2stündigen Zyklen verläuft. Wenn Sie bisher 7 1/2 Stunden geschlafen haben, sollten Sie es einmal mit 7 Stunden probieren. Schaffen Sie gar die Reduzierung um 90 Minuten, dann erhalten Sie für jedes Dutzend Jahre, das Sie leben, ein ganzes Jahr dazugeschenkt.

Erholsam ist vor allem ein kurzes Nickerchen nach dem Mittagessen oder, wer es sich leisten kann, einfach auch so zwischendurch. Wollen Sie sicherstellen, daß es nur ein kleines Nickerchen wird (die Ermüdung auf Konferenzen und auf der Autobahn), dann setzen Sie sich bequem hin, nehmen sich einen Schlüsselbund, den Sie so halten, daß er beim Öffnen der Hand auf den Boden fällt. Versuchen Sie jetzt einzuschlafen. Kaum ist die entspannende Traumphase beendet, fallen die Schlüssel herunter und wecken Sie. Der sogenannte „Schlüsselschlaf" hilft, Müdigkeitsphasen zu überwinden.

Tip 18

Beliebte Zeitverschwender

Es gibt typische Zeitverschwender, die sich erfolgreich bekämpfen lassen.

Warum gehen Sie nicht einmal die folgende Liste der Zeitverschwender durch und kreuzen an, was Ihre „Störenfriede“ sind?

Ist die Situation erst einmal analysiert, fällt es leichter, Gegenstrategien zu entwickeln.

- Keine Ziele, Prioritäten oder Tagespläne
- Versuch, zuviel auf einmal zu tun
- Wartezeiten (Verabredungen)
- Hast, Ungeduld
- Persönliche Desorganisation / überhäufter Schreibtisch
- Papierkram und Lesen
- Schlechtes Ablagesystem
- Zu wenig Delegation
- Mangelnde Motivation / indifferentes Verhalten
- Mangelnde Koordination / Teamwork
- Telefonische Unterbrechungen
- Unangemeldete Besucher
- Unfähigkeit, „nein“ zu sagen
- Unvollständige, verspätete Informationen
- Fehlende Selbstdisziplin
- Aufgaben nicht zu Ende geführt
- Ablenkung / Lärm
- Nicht informiert
- Besprechungen
- Keine oder unpräzise Kommunikation
- Privater Schwatz
- Zu viel Kommunikation und zu viele Aktennotizen
- Unfähigkeit, zuzuhören
- Unentschlossenheit
- Alle Fakten wissen wollen

Tip 19

Moderne Technik einsetzen

Diktiergerät, Laptop, Telefax, ... können erheblich Zeit einsparen.

Nicht jeder kann sich ein Autotelefon mit angeschlossenem Fax leisten, aber mit einem Diktiergerät, einem Computer und einem Telefax können Sie erheblich Zeit einsparen. Der Zeitvorteil bringt die Zusatzkosten schnell wieder herein. Natürlich ist ein Diktiergerät nur sinnvoll, wenn jemand da ist, der die Bänder abhört und weiter verarbeitet. Solche Geräte gibt es in guter Qualität schon für ca. DM 100,–. **Out** ist die Standard-Audiokassette und auch die Minikassette. **In** ist die Mikrokassette.

Selbst wenn Sie kein EDV-Freak sind, lohnt sich die Anschaffung eines Laptops (eine Art Schreibmaschine mit Speicher und Display). Während Sie bisher bei Vorträgen und Sitzungen Ihre handschriftlichen Notizen gemacht haben, geben Sie jetzt in das mit Akku gespeiste Gerät gleich die Ergebnisse ein. Zu Hause verfügen Sie dann über ordentliche Mitschriften, Protokolle etc. – eine phantastische Zeitersparnis. Natürlich kann ein solches Gerät viel mehr, aber allein diese Anwendung rechtfertigt bereits den geringen Kaufpreis.

Das Telefax oder der Fernkopierer haben uns weltweit nähergebracht. Noch nie war es so einfach zu kommunizieren; während das Telefon Sie ständig zwingt, angefangene Arbeiten zu unterbrechen, ist das Fax eine ausgesprochen freundliche Kommunikationsmethode. Dinge sammeln sich auf einem Stapel. Haben Sie Zeit, schreiben Sie die Antwort darauf und faxen einfach zurück. Egal, ob der Empfänger gerade da ist oder nicht, die Botschaft erreicht ihn zum erstmöglichen Zeitpunkt. Kein Wunder, daß sich immer mehr Privatleute ein Fax zulegen.

Tip 20

Morgenmensch oder Abendmensch

Wenn Sie Ihre Leistungskurve kennen, können Sie Ihre Arbeit besser einteilen.

Jeder Mensch hat eine Leistungskurve. Gegen 9.00 - 11.00 Uhr morgens hat er ein absolutes Hoch, währenddessen er fehlerfrei arbeitet. Ein absolutes Tief ist am Nachmittag in der Zeit nach dem Mittagessen. Anschließend geht es wieder aufwärts. Gegen 16.00 oder 17.00 Uhr erreicht er dann wieder ein Hoch. Diese Zeiten sind allerdings individuell verschieden. Wenn Sie also herausgefunden haben, welche Stunden Ihre produktivsten sind, sollten entsprechende Tätigkeiten richtig eingeplant werden. Tun Sie das Schwierigste in der Zeit, in der Sie es am besten absolvieren können.

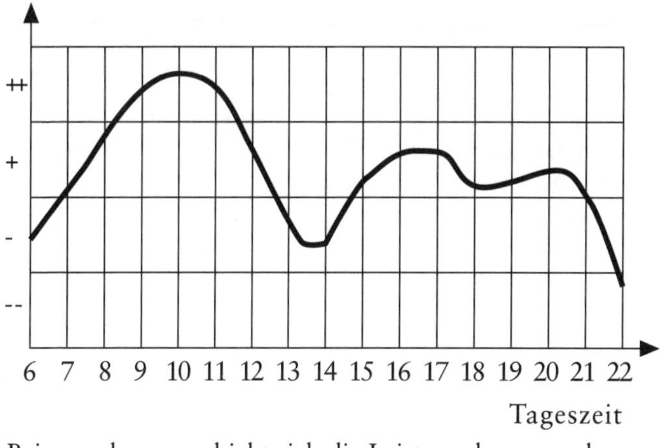

Bei manchen verschiebt sich die Leistungskurve nach rechts in den Abend hinein, sogenannte „Morgenschläfer“.

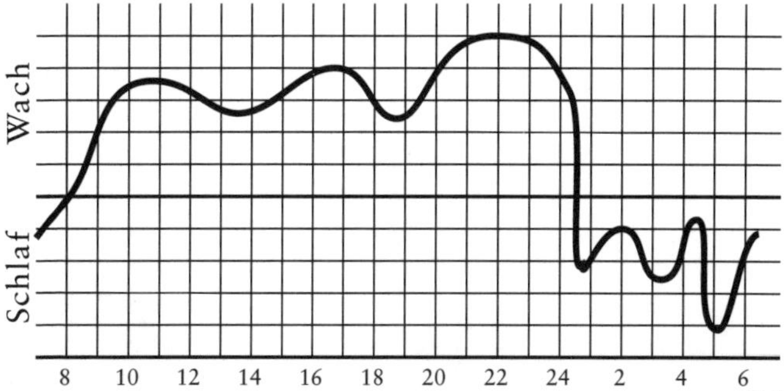

Bei manchen verschiebt sich die Leistungskurve nach links in den Morgen hinein, sogenannte „Abendschläfer".

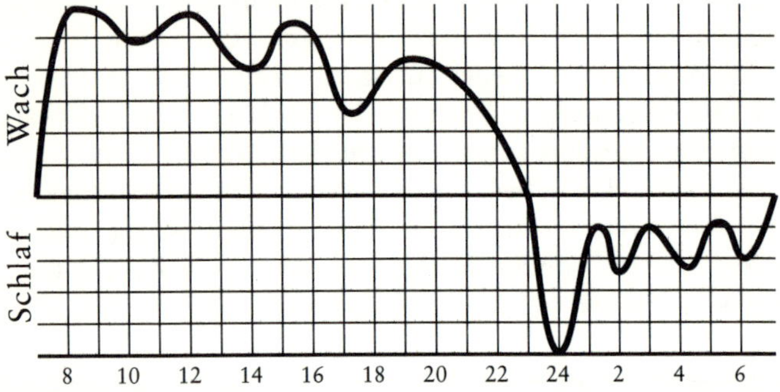

Wenn Sie jemand sind, der abends fit ist, dann ist dies Ihre Chance, dort konzentriert einige Stunden ununterbrochen zu arbeiten. Vielleicht gehören Sie aber auch zu den Frühaufstehern (die immer weniger werden), dann sollten Sie frühmorgens diese Zeit nutzen.

Tip 21

Trimmen

Regelmäßiges Trimmen steigert die Leistungsfähigkeit.

Keine Frage: Regelmäßiges Trimmen steigert die Leistungsfähigkeit und macht Sie belastbarer. Wenn Sie so richtig abgespannt sind und die Gefahr besteht, sich vor den Fernseher zu setzen, denken Sie daran: Fernsehen ist geistige Arbeit und entspannt auf keinen Fall. Erstaunlicherweise ist Trimmen in einer solchen Situation eine bessere Entspannung als Schlafen.

Die beste, einfachste und billigste Methode heißt: Laufen oder Joggen oder Trampolinschwingen. Während 2 x 20 Minuten Joggen oder Laufen in der Woche genügen, reichen bereits 5 bis 10 Minuten Trampolinschwingen pro Tag aus. Warum sich nicht an einem Lauftreff beteiligen oder gar auf das Sportabzeichen zuarbeiten? Es gibt sehr gute „Trimm-Dich-Kassetten“, die besonders morgens beim Aufstehen helfen, Anlaufschwierigkeiten zu überwinden.

Tip 22

Innehalten

„Ein Jegliches hat seine Zeit, und alles Vorhaben unter dem Himmel hat seine Stunde“
(der Prediger Salomo,
nachzulesen in der Bibel).

Die ersten 21 Tips waren Fragen praktischer Art, denen wir hier nachgegangen sind. Doch gerade beim Nachdenken über diese praktischen Fragen kommen wir an die unübersehbare Grenze, die uns im Geheimnis der Zeit gesetzt ist. Von Albert Einstein stammt der Satz: „Wir haben immer perfektere Methoden, aber immer verworrenere Ziele." Die Zeit der Stille, vor allem am Tagesanfang, läßt sich durch nichts ersetzen. Gott der Schöpfer will unser Leben zur Entfaltung bringen. Deswegen lohnt es sich, hin und wieder innezuhalten, um mit Gott zu reden und auf ihn zu hören, damit neue Inspiration und neue Fröhlichkeit die Gelassenheit für die täglichen Aufgaben ergibt.